Daniel Staffen-Quandt

#papamachtabendbrot

#papa macht abend brot

Ein Vorlese-Rezept-Buch für
Väter und Mütter
von Daniel Staffen-Quandt

 claudius

ISBN: 978-3-532-62491-3

Für Juliane, Elias, Carlotta und Julius

#inhalt

#warumdiesesbuch

Ich habe drei Kinder. Mir ist nicht langweilig. Aber ich mache meinen Kindern gern etwas Hübsches zum Abendessen. Ich bin kein Koch, kein Gesundheitsexperte oder Ernährungsberater, ich bin einfach Papa. Und von Beruf Journalist. Anfangs habe ich die bunten Teller nur fotografiert und bei Instagram, Facebook und Twitter gepostet. Und irgendwann kam die Idee, daraus ein Buch zu machen.

#papamachtabendbrot ist kein Kochbuch. Gekocht werden höchstens einmal Eier oder Nudeln. Vor allem soll es eine Inspirationshilfe für kreative Abendessen sein, mal mit Kindern, mal für Kinder. Die bunten Tellerbilder helfen auch dabei, Papa und Mama in Ruhe mit am Tisch sitzen und selber etwas essen zu lassen.

#papamachtabendbrot ist also ein kreatives Rezeptbuch. Die essbaren Bilder, die hier entstehen, dienen als Anreiz für die Kleinen, auch einmal Gesundes und Ungewohntes zu essen. Eben zeitgemäße Kinderküche.

#papamachtabendbrot ist außerdem ein Vorlesebuch. Jeder Teller hat eine Geschichte im Gepäck. Aus dem Leben der Kinder gegriffen und gut geeignet, um sie zum Abendessen vorzulesen, damit aus Essen Spaß wird. Denn genau das wollen wir Kindern doch vermitteln: Essen ist Genuss und Freude gleichermaßen. Stillsitzen war gestern.

Bevor es aber losgeht, erhalten Sie noch einen kurzen Überblick darüber, was man für das Buch alles an „Werkzeug" braucht. Sie kennen das ja von diesen schwedischen Möbelhäusern. Da kauft man ein Paket, der Inbus-Schlüssel ist zwar drin, aber Schraubenzieher und Hammer werden vorausgesetzt. Solche Überraschungen soll es mit diesem Buch nicht geben. In diesem Sinne: Viel Spaß beim (Vor-)Lesen, Schnippeln, Gestalten, Drapieren und Essen!

Daniel Staffen-Quandt
Mai 2016

#wassieallesbrauchen

Weil die Essensideen in diesem Buch nur Vorschläge sind, brauchen Sie grundsätzlich einmal nichts Besonderes. Ein bisschen Brot und Brotbelag wären nicht schlecht, ein gutes Messer ist auch nie verkehrt, und frisches Obst und Gemüse. Ist gut für die Kinder, wenn sie das essen. Und für uns. Und für die Umwelt sowieso. Ein Schneidebrett und Teller haben Sie sicher. Was darüber hinaus noch hilfreich ist, finden Sie hier:

✓ Gemüsehobel
✓ Sparschäler
✓ Ziseliermesser
✓ Runde Förmchen in verschiedenen Größen
✓ Plätzchen-Ausstecher (Sterne, Blumen, usw.)
✓ Schaschlik-Spieße und Zahnstocher
✓ eine einfache Spritze (ohne Nadel, aus der Apotheke oder wie sie die Kinder manchmal beim Arzt geschenkt bekommen)

Je aufwändiger die essbaren Bilder werden, desto umfangreicher muss die Ausstattung in der Küche sein. Bedenken Sie aber immer: Die Kunstwerke sind nicht für die Ewigkeit gedacht, und für die Zubereitung sollte man daher nicht ewig brauchen. Je nach Alter zerrt Ihnen jemand an der Hose und motzt, warum das Essen nicht schon auf dem Tisch steht. Bewahren Sie trotzdem Ruhe. Ein Rembrandt mit nervöser Pinselführung wäre ja auch nichts wert gewesen …

Was für alle Abendessen-Ideen gilt: Sie werden einiges an Schnippel-Resten haben, die auf keinen Fall in den Müll gehören! In den meisten Fällen lassen sich daraus problemlos noch ansehnliche Häppchen für Erwachsene machen. Und sollten Ihnen mal Karottenfäden oder Minisalamis fehlen: Schauen Sie mal ans Ende des Buches. Da finden sich für viele der verwendeten Zutaten einfache Alternativen. Eine Brotblumenwiese soll ja nicht an fehlenden Gurkenstängeln scheitern.

#rennfahrermithelm

Rennfahrer sind voll blöd, findet Mathilda. „Sind sie gar nicht", hält ihr großer Bruder Jonas dagegen. Aber Mathilda lässt sich nicht umstimmen. „Sind sie doch!" Die sind wild, laut und schnell und überhaupt. „Ich finde Rennfahrer toll", sagt Jonas noch mal. Die haben so tolle Helme und Autos ohne Dach, die rasen schnell wie der Blitz und alle jubeln ihnen zu. „Sag ich doch, voll blöd!", meckert Mathilda ihn an. „Du hast ja schon Angst, wenn Papa mal schnell Auto fährt." Jonas guckt böse. „Ich fahre nicht zu schnell", sagt Papa, „nur zügig." Mama lacht.

„Trotzdem blöd", sagt Mathilda. „Was hast du denn gegen Rennfahrer?", will Papa wissen, „du kennst doch gar keinen." Mathilda verschränkt die Arme, legt ihre Stirn in Falten, rümpft ihre Nase und schaut so wild und wütend, wie sie nur kann. „Na klar kenn' ich einen Rennfahrer." Sie hebt den Kopf und will aus dem Zimmer gehen. Doch dann dreht sie sich noch mal um und sagt: „Der tut mir immer ganz arg weh, am großen Zeh." Mama und Papa schauen sich fragend an. „Wer tut dir weh?", fragen sie gemeinsam. „Das hab' ich doch schon gesagt – der Rennfahrer!"

Mathilda geht motzend und maulend in ihr Zimmer, doch schon kurz später hört man sie laut schreien: „Der Rennfahrer! Der Rennfahrer! Aua!" Papa eilt zu ihr – und muss lachen. Mathilda steht auf ihrem kleinen Stuhl, davor sitzt ihr Babybruder Timo am Boden und fährt mit Karacho ein Holzauto dagegen. „Brrffffffffuumm", sagt er jedes Mal laut. Zumindest er hat großen Spaß dabei.

Sie brauchen:

Eine Scheibe Bauernbrot,

Kräuterquark,

ein Würstchen,

eine Tomate,

eine Salatgurke,

eine dicke Scheibe Käse.

So geht's:

Stechen Sie die Radkästen und den Fahrersitz aus, bestreichen Sie das Brot mit dem Kräuterquark. Schneiden Sie Tomatenscheiben als Räder, Wurstscheiben als Lenkrad und Vogel-Körper sowie ein Stück Wurst als Hals. Aus der Käsescheibe schneiden Sie einen Rennfahrer-Kopf, aus der Gurke einen Helm und aus Gurkenschalen die Vogelflügel. *Fertig.*

#derverrueckteegon

Mathilda kommt aufgeregt aus dem Kindergarten nach Hause. „Du, Papapapa, heute war der verrückte Egon da", sagt sie schnell wie ein Wasserfall. „Der hat ganz schiefe Zähne, die aus dem Mund rausschauen, und rote Haare und gaaaaaanz große Augen." Papa schaut leicht verdattert und Mama fragt: „Wer?" Und dann fängt Mathilda noch mal von vorne an, vom verrückten Egon zu erzählen. Nur diesmal hat er auch noch eine Nase wie Pinocchio, nur nicht so lang, aber genauso dünn. Sie kriegt sich gar nicht wieder ein.

„Wart ihr heute spazieren und habt dabei den Egon getroffen?" will Papa wissen. „Nein!", sagt Mathilda. Aber mehr sagt sie nicht. „Wart ihr auf dem Spielplatz, war dort der Egon?" will Mama wissen. „Nein!" sagt Mathilda und schweigt wieder ganz eisern. „War er im Kindergarten zu Besuch?" Jetzt schüttelt sie nur noch den Kopf und dreht sich um. Gut, wenn sie nichts dazu sagen will, denkt sich Papa – da platzt es laut aus Mathilda heraus: „Der verrückte Egon hat die ganze Zeit Quatsch gemacht!" Jetzt kichert sie und kullert auf dem Sofa herum.

Ihr großer Bruder Jonas schaut seine Mama an, dann schüttelt er den Kopf: „Die Mathilda ist schon den ganzen Tag so", sagt er, „voll albern!" Ob er den Egon auch gesehen habe, wollen Mama und Papa wissen. „Für so was bin ich zu alt", sagt er gewichtig mit seinen nicht mal sechs Jahren und lässt seine Eltern stehen.

Sie brauchen:

Die Oberseite eines
normalen Brötchens,
am besten mit
aufgebrochener Kruste,
ein Stück Käse,
ein Wiener Würstchen,
zwei Scheiben Salami,
ein hartgekochtes Ei,
eine Salatgurke,
eine Karotte,
eine Tomate.

So geht's:

Mit einem Messer in die Mitte der aufgebrochenen
Brötchenkruste einen dicken Schlitz schneiden.
Käsestäbchen schneiden und als Zähne in den
Schlitz stecken. Eine dünne Scheibe Tomate als
Zunge dazustecken. Ein Stück Würstchen als
Nase verwenden. Aus der Salami und halben
Gurkenscheiben Augen und Augenbrauen legen,
darauf je ein halbes Ei. Zum Schluss mit dem
Ziseliermesser Karottenhaare raspeln und schön
anrichten. *Fertig.*

#blumenwiese

Jonas hat's nicht so mit Blumen. Von wegen Mädchenkram und so. Mathilda dagegen ist ein richtiges Mädchen. Bei Rosa und Pink, Feen und Einhörnern flippt sie völlig aus. Bei pink-rosa Feen-Einhörnern sowieso. Blumen sind auch toll. Vor allem, wenn sie in unserem Garten wachsen. „Schau mal, Mama, ich hab dir einen Blumenstrauß gepflückt", sagt sie und strahlt von einem Ohr bis zum anderen. „Toll, gleich schau ich ihn mir an", sagt Mama, während sie die Spülmaschine einräumt. Dann ertönt ein lautes Stöhnen.

„Ma-thil-da!" Mama wird nur selten laut, aber das klingt nach Ärger. Mathilda grinst immer noch – in ihrer Hand ein wildgerupfter Strauß Lilien, Sonnenhut, Hortensien und was im Garten eben noch so wächst. „Du kannst doch nicht einfach unsere Blumen aus dem Beet abreißen", sagt Mama. „Doch, das geht ganz leicht", sagt Jonas. Als ihn der wütende Blick seiner Mutter trifft, beschäftigt er sich schnell wieder mit seinen Lego-Steinen. „Die Blumen haben wir doch zum Anschauen gepflanzt, Mathilda, nicht zum Abreißen."

Mathilda versteht das Problem nicht. Blumen sind doch schließlich zum Pflücken da. Das machen die Kinder in den Kinderbüchern doch auch immer. „Auf der Wiese nebenan sind doch ganz viele tolle Blumen", erklärt Mama. Löwenzahn, Klee und Klatschmohn. Aber Mathilda schüttelt nur den Kopf: „Du sagst doch immer, das ist blödes Unkraut."

Sie brauchen:

Zwei Scheiben Körnerbrot
oder Graubrot,
Frischkäse oder Butter,
ein bis zwei Scheiben Wurst,
ein bis zwei Scheiben Käse,
eine Salatgurke.

So geht's:

Die beiden Brotscheiben mit Frischkäse oder
Butter bestreichen, mit Wurst und Käse belegen,
anschließend mit Plätzchen-Formen verschiedene
Blüten ausstechen. Am besten eignen sich Blumen,
runde Kreise oder auch weihnachtliche Spitzbuben-
Formen. Kleine Kreise als Blütenmitte ausstechen.
Eine Gurke waschen und mit einem Sparschäler
dünne Streifen von der Schale als Stängel
abschälen. Danach schräge Gurkenscheiben als
Blätter schneiden, anschließend alles drapieren.
Fertig.

#kleineraupe

Jonas hat eine Becherlupe, in die steckt er alles hinein, was irgendwie Beine oder Fühler hat, kriecht, krabbelt oder schleimt. Spinnen, Ameisen, Kellerasseln, Regenwürmer und Grashüpfer mussten schon stundenweise in das Mini-Gefängnis. Anfangs ist Jonas immer ganz fasziniert, er schaut gebannt durch die verkratzte Plastiklinse und kommentiert das Geschehen live: „Jetzt dreht sich die Spinne" oder „Die Ameise trägt das Blatt". Das geht gut, bis er irgendwie abgelenkt wird. Dann wird es für die kleinen Tierchen ungemütlich.

Neulich hat er die Lupe einfach auf der Terrasse stehenlassen. In der Sonne. Mama hat die Spinne gerade noch vor Erreichen des Garpunktes befreit. Und das, obwohl sie Spinnen nicht gerade gerne hat. Für gewöhnlich hängt sich Jonas seine Becherlupe mit Karabiner an die Hose oder stopft sie in seine Umhängetasche mit all den Forscher-Utensilien. So werden die kleinen Krabbler, Schleimer und Kriecher schön durchgeschüttelt. Meistens hat er kurz vor dem Abendessen ein Einsehen und lässt die Tierchen wieder frei. Lebend.

Nur neulich war alles anders. Da hat er eine Raupe entdeckt. So eine mit Haaren, bunten Gliedern und Punkten und riesig. „Die heißt Günter. Die hebe ich auf, bis sie ein schöner Schmetterling wird", hat er gesagt. Dann kam seine Schwester Mathilda um die Ecke: „Aus schönen Raupen werden sowieso nur Nachtfalter." Schwupps, war Günter frei …

Sie brauchen:

Vier oder mehr
Mini-Laugenbrötchen
(falls der Bäcker vor Ort keine
hat, geht zum Beispiel auch
runder Pumpernickel),
Frischkäse oder Butter,
Brotbelag nach Wahl,
eine (rote) Paprika,
eine Karotte,
eine Salatgurke,
Salatcreme.

So geht's:

Die Laugenbrötchen aufschneiden und mit
Frischkäse oder Butter bestreichen Den Brotbelag
in der Größe des Brötchens ausstechen und die
Brötchenhälften damit belegen. Je zwei Hälften
wieder zusammenklappen. Aus der Karotte zwei
Scheiben und Stäbchen für die Fühler schneiden.
Eine Scheibe Gurke als Gesicht ausschneiden. Die
Paprika quer in dünne Scheiben schneiden, danach
in kleine Beine zerschneiden. Anschließend alles
drapieren, auf die Gurkenscheibe mit Salatcreme in
einer kleinen Spritze ein Gesicht malen. *Fertig.*

#dreikleineschweinchen

„Früher, als ich klein war, hat mir euer Opa öfters mal Märchen vorgelesen", sagt Papa. Sein Plan: Er will die Geschichte von den drei kleinen Schweinchen erzählen. Das Problem: die zwei zuhörenden Naseweise, vier und sechs Jahre alt. Das mit dem allererstern Schweinchen, das sich ein Haus aus Stroh gebaut hat, das haben sie ihm noch abgekauft. Das kann der Wolf schließlich einfach wegpusten und das Ferkelchen muss fliehen. Dumm gelaufen, irgendwie.

Als sich der Wolf dann ans zweite Häuschen heranmacht und wieder strampeln, trampeln, husten, prusten und das Holzhaus zusammenpusten will, sagt Mathilda: „Das geht doch gar nicht." Auf Papas „Warum?" bekommt er hochgezogene Augenbrauen zu sehen, inklusive spöttischem Gesichtsausdruck. „Also, Papa, das ist doch ganz logisch", erklärt ihr sechs Jahre alter Bruder Jonas. Ein Haus aus Holz könne man schließlich nicht umpusten. „Vielleicht hat das Schweinchen das Holz nicht gut zusammengeschraubt", sagt Papa. Jetzt kichert Mathilda.

„Papa, das geht trotzdem nicht", sagt Jonas. Doch bevor er etwas sagen und das Vorlesen retten kann, wird er aufgeklärt: „Wir wohnen doch auch in einem Holzhaus. Letzte Woche hat es doch so arg gestürmt, und das Haus steht ja immer noch. So arg kann der Wolf gar nicht pusten." Papa gibt auf. Vielleicht sind Märchen doch eher was für Erwachsene.

Sie brauchen:

Drei bis vier
Scheiben Vollkornbrot,
Frischkäse oder Butter,
mehrere Scheiben Wurst
und Käse,
eine Salatgurke,
Salatcreme.

So geht's:

Vollkornbrot mit Butter oder Frischkäse bestreichen, einzeln mit Wurstscheiben belegen, danach mit einer großen runden Form ausstechen. Entweder die Scheibenreste oder eine neue Scheibe mit Käse belegen und daraus Nasen ausstechen. Mit gleicher Größe aus einer Käsescheibe drei Kreise ausstechen und als Ohren halbieren. Aus Gurkenscheiben die Augen ausstechen, aus Gurkenschale kleine Nasenlöcher schnippeln. Alles drapieren, mit Salatcreme in einer kleinen Spritze die Münder und Pupillen malen. *Fertig.*

#onkelsimonsbus

Mathilda und Jonas liegen Mama und Papa seit ein paar Wochen mit einem neuen Wunsch in den Ohren. Schuld daran ist Onkel Simon. Der hat sich nämlich so einen alten Kleinbus gekauft. Einen mit ausfaltbarem Dach, Kochnische, Bett und Tisch. Ein Miniwohnmobil. Mit dem hat er sie neulich besucht und mächtig Eindruck bei beiden hinterlassen. Der Sechsjährige war so angetan, dass er Onkel Simon den Bus mit Taschengeld abkaufen wollte. Aber 26 Euro und 35 Cent waren zu wenig. Mathilda hatte sich derweil ins 80er-Jahre-Sitzpolster-Design verguckt.

Mama findet den Bus auch toll. Nur Papa mag sich mit so einem Ungetüm von Fahrzeug nicht anfreunden. Er habe den Sinn von Wohnmobilen ohnehin noch nie verstanden, sagt er. Wohnwagen, okay. Aber ein Wohnwagen mit einem Motor? Inzwischen sind Mama und Papa dahintergekommen, was Jonas und Mathilda an dem Bus eigentlich so toll finden. Urlaub! Sie wollen Urlaub machen! Camping! „Das geht auch ohne Bus", sagt Papa erleichtert, „das könnten wir ja ausprobieren." Also: Drei Tage kürzer ins Ferienhaus, dafür drei Tage auf den Campingplatz.

Es ist traumhaft, die Kinder entspannt wegen der frischen Luft, sogar die zig Krabbeltiere stören keinen. Bis es nachts kalt wird. Und laut. Und bis die ersten nachts aufs Klo und dafür raus aus dem Zelt müssen. Trotzdem: Es war toll! Den Bus finden die Kinder immer noch gut. Darin wäre es übrigens viel gemütlicher und wärmer als im Zelt gewesen, behaupten sie …

Sie brauchen:

Eine große Scheibe Vollkornbrot,
am besten rechteckig,
Frischkäse oder Butter,
eine große Scheibe
Kochschinken,
eine Scheibe Käse,
ein hartgekochtes Ei,
eine Salatgurke,
eine Karotte,
eine gelbe Paprika.

So geht's:

Die Scheibe Brot mit Butter oder Frischkäse bestreichen, anschließend mit dem Schinken belegen und in Busform zuschneiden. Aus dem Käse Fensterscheiben schneiden und auf den Bus legen, ebenso aus dem Ei zwei Räder schneiden und drapieren. Aus einer Scheibe Gurke einen Kopf schneiden, aus Karottenscheiben und Paprika-Stückchen Vögel legen. Dem Gurkenkopf noch Augen und Mund aus Karottenstücken schneiden. Zum Schluss aus Gurkenschalen noch einen Straßenbelag unter den Bus legen. *Fertig.*

#donaudampfschiff
fahrtskapitaen

Wenn die Kinder baden, ist Papa immer mal wieder versucht, die Feuerwehr anzurufen, um den nicht vorhandenen Keller des Hauses auspumpen zu lassen. Jonas macht gerne ausufernde Schwimmbewegungen – die Sprungversuche vom Badewannenrand haben Mama und Papa ihm zumindest ausgeredet. Obwohl Köpfer und Arschbombe schon noch verbesserungswürdig wären. Mathilda badet derweil ihre Puppe und Timo gießt Wasser mit der Kanne nach draußen.

Alles ganz normal, meint Mama, während Papas Socken immer nasser werden. Sie sitzt weitestmöglich vom Badewannenrand entfernt und dirigiert. Jonas, lass dies, Mathilda, lass das, guck mal, wie lustig, was Timo macht … „Das war meine Jeans!" sagt Papa. Über die hat der Kleinste gerade eine Puppenbadewannenladung des inzwischen trüben Badewassers gekippt – und lacht sich schlapp. „A'dung, Papa, Hose, Putze!" Ja, voll lustig. Haha.

„Wenn ich gerne in pitschnassen Klamotten rumlaufen würde, wäre ich Matrose geworden!" sagt Papa sichtlich genervt. „So ein Quatsch, Papa", sagt Jonas: „Nass werden Seeleute nur, wenn ihr Schiff sinkt." Und das fänden sicher weder Matrosen noch Kapitäne toll, erklärt er. Papa sucht sich schnell eine trockene Hose. Vielleicht gibt es diese Kinder-Matschhosen auch in Groß?

Sie brauchen:

Eine Scheibe Bauernbrot,
Frischkäse oder Butter,
Wurst oder Käse als Brotbelag,
eine Karotte,
eine Salatgurke
und Cocktailsoße.

So geht's:

Bestreichen und belegen Sie die Scheibe Brot nach Wunsch und legen Sie diese mit der runden Seite so auf den Teller, dass es wie ein Boot aussieht. Aus Gurken oder Karotten können Sie Bullaugen oder Schornsteine schneiden. Schneiden Sie dann Wellen aus Wurst- oder Käsescheiben und legen diese leicht überlappend auf das Boot. Die Cocktailsoße füllen Sie in eine kleine Spritze und malen Rauchwolken – oder Sie verziehen einen Klecks Soße mit einem Zahnstocher oder einer Gabel zu Rauchwolken über den Schornsteinen. *Fertig.*

#hubschrauber**sind**
die**besseren**flugzeuge

„Flugzeuge sind viel besser als Autos, weil damit ist man viel schneller und kann um die ganze Welt fahren." Jonas' Freund Maximilian verschränkt die Arme und guckt so böse er nur gucken kann. „Flugzeuge fahren nicht", sagt Jonas trocken, „sie fliegen". Und überhaupt seien Flugzeuge voll blöd, weil sie Landebahnen und Flughäfen bräuchten. „Hubschrauber sind viel besser, die können überall landen." Es folgt das übliche Sind-sie-nicht-sind-sie-doch-Geplänkel zwischen gleichaltrigen Jungs.

„Es gibt auch Flugzeuge, die nicht nur auf Landebahnen landen können", sagt Maximilian. Wasserflugzeuge zum Beispiel. Oder Modellflugzeuge. Und Papierflieger. So schnell Jungs sich streiten, so schnell vertragen sie sich auch wieder. Die beiden wollen jetzt Papierflieger basteln. „Die besten der Welt", sagt Jonas. Meine Frau gibt den beiden Papier – die Jungs nehmen die Stapel, schauen aber weiter erwartungsvoll auf sie. „Wir wissen doch nicht, wie man die weltbesten Papierflieger baut", sagt Maximilian. Papa auch nicht. Glück gehabt.

Mama müht sich ab; die ersten Papierflieger stürzen schnell auf den Boden, die folgenden Exemplare werden immer besser, kämpfen sich Meter um Meter weiter. Die Jungs haben sich wieder ihrer Hubschrauber-Flugzeug-Diskussion gewidmet, während Mama richtig Ehrgeiz für die Papierfliegerei entwickelt, als ginge es dabei um irgendwas. Plötzlich stehen Jonas und Maximilian auf. „Mama, wir finden jetzt beide Hubschrauber besser", sagt Jonas, und beide gehen.

Sie brauchen:

Eine Scheibe rundes Knäckebrot,
Frischkäse oder Butter,
Wurstscheiben,
Käse am Stück,
eine Tomate,
einen Apfel für die
Heckrotorblätter,
Salzstangen
und Salatcreme.

So geht's:

Bestreichen Sie das Knäckebrot mit Frischkäse oder Butter, belegen Sie es mit Wurst. Aus Käse schneiden Sie den Heckrotor und die Kufenhalterung, danach drapieren Sie Salzstangen als Kufen und Rotorblätter. Aus Apfelschnitzen stecken Sie Heckrotorblätter zusammen, zwei halbe Tomaten sind die Piloten. Mit Salatcreme in einer Spritze Gesichter malen. *Fertig.*

#kaeferkonrad

Käfer Konrad hat Hunger. Großen Hunger. Sein Magen knurrt. So laut, dass sich schon die Regenwürmer die Ohren zuhalten. So heftig, dass die Ameisen fast von den Blütenstängeln purzeln. Konrad blinzelt. Er will nicht so kurz nach dem Aufwachen direkt in die Sonne gucken. Doch als er die Augen aufschlägt, sieht er nur Erde und Gras. Dafür sind seine Füße und sein Bauch ganz warm. Käfer Konrad versucht zu krabbeln, aber es geht einfach nicht. Da dämmert ihm, was geschehen ist: „Hilfe!", schluchzt er, „ich liege auf dem Rücken!"

Plötzlich hört er ein leises, schnelles Trappeln. Er dreht seinen Kopf zur Seite und sieht eine kleine, dünne Spinne auf sich zukrabbeln. „Kann ich dir helfen?" Klar, denkt sich Konrad. Aber er sagt nichts. Jeder wäre ihm als Hilfe willkommen gewesen, aber … der kleine Käfer ekelt sich ein bisschen vor Spinnen. Die kleine dünne Spinnendame trappelt um Konrad herum. „Kannst du nicht reden?" Da nimmt Konrad all seinen Mut zusammen und sagt ganz schnell: „Bitte hilf mir, mich umzudrehen." Er kneift die Augen zusammen und reicht der Spinne ein Bein.

Aber Konrad ist zu schwer. „Du hast zu viel gegessen", keucht die Spinne. Der kleine Käfer wird rot. Da beginnt der Boden zu beben. Die Spinne schaut kurz hinter sich und läuft dann blitzschnell davon, ohne ein Wort zu sagen. „Guck mal, ein Käfer", ruft Mathilda. „Der liegt auf dem Rücken." Jonas hält Konrad seinen kleinen Riesenfinger hin. Wieder nimmt der Käfer allen Mut zusammen und krabbelt auf die Fingerkuppe. Wie in einer Achterbahn geht es nach oben, als Jonas seinen Arm hebt. Dann breitet Konrad die Flügel aus – und surrt davon. Auf ein dickes Salatblatt mit Läusen.

Sie brauchen:

Ein Schnittbrötchen,
Frischkäse oder Butter,
je eine runde Scheibe Käse
und Wurst,
ein hartgekochtes Ei,
eine Tomate,
eine Karotte
und mehrere kleine
Salatblätter.

So geht's:

Schneiden Sie das Brötchen auf und halbieren Sie die Oberseite in der Mitte, am besten entlang der aufgebrochenen Kruste. Legen Sie ein Bett aus kleinen Salatblättern auf den Teller, bestreichen Sie die Unterseite sowie die beiden halben Oberseiten des Brötchens mit Butter oder Frischkäse, belegen Sie die Unterseite mit Käse, darauf legen Sie leicht versetzt zwei halbe Scheiben Wurst, darüber die beiden halben Brötchen-Oberseiten. Darauf können sie kleine Tomatenschalen-Punkte mit Frischkäse drapieren, als Kopf dient das hartgekochte Ei. Da hinein stecken sie zwei Karotten-Stäbchen als Fühler. *Fertig.*

#eulenhabenkeineangst

Eulen dürfen im Dunkeln keine Angst haben. Sie leben ja im Dunkeln. Tagsüber schlafen sie, nachts sind sie wach – das weiß doch jedes Kind. Die kleine Eule schluckt. Ihr hilft das nichts. Sie fühlt sich trotzdem nicht wohl im Dunkeln, ganz alleine, ohne ihre Mama. Die sucht nach Mäusen und anderen Eulen-Leckereien. „Bleib einfach sitzen, ich komme gleich wieder", hat Mama Eule gesagt. Das macht sie auch. Aber sie zittert fast so arg wie die Blätter der Bäume um sie herum, die der Wind durchrüttelt. Hätten Eulen Zähne, sie würden laut klappern.

„Schuhu-hu-hu-hu", zischt es durch den windigen Wald. „Hallo", fragt die kleine Eule leise und dreht ihren Kopf hin und her: „Ist da jemand? Mama?" Stille. Es knackst. Der Wind jault auf. Da knackst es wieder. Die kleine Eule tippelt auf ihrem Ast immer näher an den Stamm heran, sie drückt sich fest dagegen. Ein großer Tropfen platscht direkt auf ihre Nase. „Igitt", murmelt sie. Grelles Licht funkelt durch die Baumkronen. Die kleine Eule kneift ihre Augen zusammen, helles Licht verträgt sie nicht. „Mama", ruft sie schließlich so laut sie kann.

Plötzlich hört man zwei, drei laute Flügelschläge, und Mama Eule landet wieder auf dem Ast. Die kleine Eule kuschelt sich sofort unter den großen Flügel. „Alles in Ordnung", sagt Mama Eule. Da trifft die beiden wieder ein heller Lichtstrahl. Beide Eulen drehen sich zum Baumstamm, Mama Eule blinzelt hinunter. „Schau mal, Jonas", ruft Mathilda, „da sitzt eine Eulen-Mama mit ihrem Kind." Doch Jonas stapft murrend weiter: „Mir ist kalt, der Wind nervt und es regnet. Das ist eine voll doofe Nachtwanderung, Papa!"

Sie brauchen:

Eine (rechteckige) Scheibe Brot,
Frischkäse oder Butter,
Käse ohne Löcher am Stück,
Wurst oder Schinken als Belag,
rote und gelbe Paprika,
eine Karotte,
ein Salatherz,
eine Kiwi.

So geht's:

Schälen Sie eine Karotte und halbieren sie längs, legen Sie diese als Geäst auf den Teller. Bestreichen Sie das Brot mit Butter oder Frischkäse, belegen Sie eine Hälfte mit Wurst oder Schinken. Schneiden Sie den überstehenden Belag ab und legen Sie die Scheibe hochkant mit Belag nach oben auf den Teller. Schneiden Sie kleine Käsescheiben als Federn ab, drapieren Sie diese. Schneiden Sie aus den Paprikas Krallen und Schnabel zu, von einer geschälten Kiwi schneiden Sie zwei Scheiben als Augen ab. Den Salat als Blätter verwenden. *Fertig.*

#zuhauseistesdoch amschoensten

Wochenlang liegen Jonas und Mathilda ihren Eltern schon in den Ohren. Sie wollen mal wieder in den Urlaub. Am besten „in die Berge ans Meer", sagt die Vierjährige. Dass der letzte Urlaub gerade mal wenige Monate her ist, geschenkt. Aber gut, es wird in der Tat mal wieder Zeit. Eine Woche soll es in ein Familienhotel in den Alpen gehen. Winterurlaub an Ostern, einmal im Jahr richtiger Schnee und nicht dieser graue Ekelmatsch, der sich bei uns Winterwetter nennt.

Die Vorfreude ist riesig. Auf der Fahrt ist sie dann nur noch mäßig. Mathilda schmollt. Weil sie nicht all ihre zwölf Puppen mitnehmen darf, sondern nur zwei. Und Jonas findet es gar nicht gut, seinen Lego-Sumpfhubschrauber eine ganze Woche alleine zu Hause zu lassen. „Wenn jetzt jemand bei uns einbricht?", fragt er immer wieder energisch, „so wie letztens bei den Nachbarn?" – „Das waren die selbst. Die hatten sich ausgesperrt", erklärt Papa.

Doch Fakten interessieren in so einem Moment niemanden. Schwimmbad, Kinderanimation, Rodelpiste, Lama-Wanderung, alles irgendwie okay, aber es fehlen: die Freunde, die Puzzles, die Fahrräder, die Puppen, die Lego-Steine, die Spielzeugautos, die Kuscheltiere, die Stifte, das bunte Bastelpapier und so weiter. Die Woche vergeht zäh, die Kinder jubeln am Tag der Abreise und die ganze Heimfahrt hindurch. Zu Hause angekommen, rennen sie sofort in ihre Zimmer.
Noch während Mama und Papa das Auto ausladen, stehen Jonas und Mathilda wieder an der Haustür. „Mir ist langweilig", sagt Jonas. Mathilda nickt. Zu Hause ist es eben doch am schönsten …

Sie brauchen:

Zwei Scheiben normales Knäckebrot, Frischkäse, Wurst und Käse in Scheiben, eine Salatgurke, Cocktailsauce.

So geht's:

Bestreichen Sie das Knäckebrot mit Frischkäse, schneiden Sie aus Wurst eine Tür und ein Fenster aus, aus der Käsescheibe schneiden Sie ein Dach. Beides auf den Teller legen, von einer Knäckebrotscheibe brechen Sie mithilfe eines Messers ein Stück als Baumstamm ab, darüber gehobelte Gurkenscheiben drapieren. Aus Wurst oder Käse einen Schornstein ausschneiden, mit Cocktailsauce und Zahnstocher Rauch malen. *Fertig.*

#schnellestierchen

Eigentlich sollten sich Jonas und Mathilda schon seit einer halben Stunde ihre Schlafanzüge anziehen. Aber sie sitzen immer noch am Esstisch, auf ihren Kinderstühlen, mit angezogenen Beinen. „Ich kann nicht zum Sofa laufen", erklärt Mathilda und zuckt mit den Schultern. Dort wartet nämlich ihr Nachthemd. Jonas ergänzt: „Wir dürfen den Fußboden nicht berühren."

Obwohl er es besser wissen müsste, fragt Papa: „Warum?" Die beiden kichern. „Wegen des schnellen Tierchens", sagt Jonas. Mathilda ergänzt: „Das Tierchen ist auch klein." Die Katze liegt wie ein gestrandeter Wal in der Abendsonne auf der Terrasse, sie ist nicht klein und schon gar nicht schnell. Die kann es also nicht sein. Die beiden scheinen Papas Ahnungslosigkeit zu erkennen. Jedenfalls sagt Mathilda: „Es hat rote Beine, eine gelbe Zunge und orange Augen. Und kleine Antennen."

Spätestens jetzt fühlt Papa sich veräppelt, zeigt auf seine Armbanduhr und schaut genervt. „Okay", sagt Jonas, „wir ziehen uns um. Aber wir dürfen den Fußboden nicht berühren." Die beiden nehmen sich einen zweiten Stuhl, klettern darauf, holen sich ihre Kinderstühle nach, stellen die weiter in Richtung Sofa, klettern wieder darauf – und so weiter. Sie kichern. Und Papa ist beunruhigt. Ist Ungeziefer im Haus? Er schaut sicherheitshalber unters Sofa, unter den Tisch.

Während Papa am Boden herumkriecht, haben Mathilda und Jonas das Sofa erreicht, ziehen sich blitzschnell um und rennen nach oben zum Zähneputzen. Über den Fußboden. Barfuß.

Sie brauchen:

Ein Spitzweck (spitzes Brötchen),
Butter oder Frischkäse,
Wurst oder Käse in Scheiben,
eine Karotte,
eine rote Paprika,
zwei Mini-Salamis,
Salatcreme.

So geht's:

Schneiden Sie das Brötchen auf der einen Seite
rund zu, halbieren Sie es dann und bestreichen
es mit Frischkäse oder Butter. Bevor Sie es
zusammenklappen, schneiden Sie aus Wurst oder
Käse eine Zunge und klemmen sie zwischen die
Brötchenhälften an der runden Seite. Aus der roten
Paprika kleine Beine schneiden und drapieren.
Zwei Karottenscheiben mit Frischkäse als Augen
anbringen, zwei Löcher in die obere Brötchenhälfte
schneiden und die Mini-Salamis als Fühler
hineinstecken. Aus Salatcreme zwei Pupillen malen.
Fertig.

#taschenkrebsangeln

Nordseeurlaub ist super. Wenn man das mit dem Wetter nicht so wichtig nimmt. Seit Jahren macht die Familie einmal im Jahr Ferien auf einer Insel. Ostern: Regen. Pfingsten: Regen. Sommer: Regen. Wahlweise gepaart mit Wind. Oma und Opa verstehen gar nicht, was Mama und Papa so sehr daran stört. „Es gibt kein schlechtes Wetter", sagt Opa immer.

Schietwetter im Strandkorb mit einem guten Buch und einem heißen Tee, alles bestens. Aber das ist nun nicht gerade Urlaubsprogramm für Kinder. Jonas und Mathilda liegen Mama und Papa beim Zubettbringen schon in den Ohren, dass sie morgen an den Strand wollen. Gleich nach dem Frühstück packen Mama und Papa die Sachen zusammen. Die Sonne scheint, bis alle ihre Schuhe anhaben. Dann wird es düster, der Wind zieht auf. Baden: Fehlanzeige. Sandburgen-Bauen: Fällt ins Wasser!

Dann entdeckt Mama eine alte Wäscheklammer und eine Schnur. „Lasst uns doch mal Taschenkrebse angeln gehen." Jonas und Mathilda sind Feuer und Flamme – Timo findet sowieso super, was seine großen Geschwister mögen. Also, raus an die Buhnen, Miesmuscheln aufbrechen, Muschelfleisch in die Wäscheklammer und ab damit an einer Schnur ins Wasser. Unter den neugierigen Blicken der Möwen schaukeln die Muschelfleischköder in der See.

Plötzlich zieht etwas an der Schnur, Jonas und Mathilda ziehen sie heraus und glucksen vor Freude. Ein roter Taschenkrebs knabbert am Muschelkadaver, die Kinder setzen ihn in einen kleinen Eimer. So geht das eine Stunde, der Eimer wird immer voller. Als es Zeit zum Heimgehen ist, kippt Papa den Eimer samt Taschenkrebsen ins Meer zurück. Jonas fallen die Augen fast aus dem Kopf, dann fängt er an zu schreien: „Mensch Papa, warum wirfst du unser Abendessen weg?"

Sie brauchen:

Ein halbes,
eher eckiges Brötchen,
Butter oder Frischkäse,
Brotbelag nach Wahl,
eine rote Paprika,
eine grüne Paprika,
eine Karotte.

So geht's:

Am besten eine untere Brötchenhälfte mit Frischkäse oder Butter bestreichen, nach Wahl belegen und am Brötchenrand abschneiden. Eine rote Paprika halbieren und entkernen. Anschließend auf das halbe Brötchen legen. Aus der übrigen roten Paprika zwei Arme schneiden, aus der grünen Paprika zwei Scheren. Aus der Karotte zwei Scheiben als Augen und kleine Stäbchen für die Beine schneiden. Die Augen mit Frischkäse auf der roten Paprikahälfte drapieren, die Beine, Arme und Scheren auf den Teller legen. *Fertig.*

#dergrinsekaefer

Der kleine Käfer muss immer grinsen. Morgens beim Aufstehen, beim Herumfliegen, beim Essen, selbst beim Zubettgehen und Schlafen. Er grinst. Immer. Das gefällt aber nicht jedem. Seine Eltern sagen zu ihm: „Lach uns nicht aus!" Aber der kleine Käfer lacht nie jemanden aus, er ist einfach nur fröhlich. Die Lehrer sagen zu ihm: „Mach dich nicht über uns lustig!" Aber der kleine Käfer macht sich über niemanden lustig, er ist nur einfach sehr fröhlich.

Das kleine Käferchen ist froh über seine großen grünen Kulleraugen, seine orangefarbenen Fühler, seine kleinen roten Beinchen, seine gelben Punkte und seinen grünen Grinsemund. Er sieht sehr lustig aus, ein bisschen wie ein Clown, sozusagen ein Clown-Käfer. Aber er möchte gar nicht immer fröhlich und glücklich aussehen, denn die anderen Käfer werden deshalb manchmal richtig gemein. Eines Abends beschließt der kleine Käfer, ab morgen nicht mehr zu grinsen.

Als er an den Frühstückstisch kommt, fragen seine Eltern: „Was ist denn mit dir los?" Und der kleine Käfer antwortet: „Nichts, alles in Ordnung." Seine Lehrer fragen ihn: „Welche Laus ist dir denn über die Leber gelaufen?" Und der kleine Käfer antwortet: „Was für eine Laus denn?" So geht das eine ganze Weile. Die anderen Käfer machen sich bald Sorgen, weshalb der kleine Grinsekäfer einfach nicht mehr grinsen will. „Mir geht es gut", sagt er dann nur.

Eines Tages erzählen seine Freunde in der Käferschule einen Witz. Der kleine Käfer bemüht sich sehr, ernst zu bleiben. Aber irgendwann hält er es einfach nicht mehr aus. Plötzlich fängt er an zu kichern, dann lacht er lauthals los. Und er bemerkt, dass ihm das Lachen und Grinsen sehr gefehlt haben. Von da an ist der kleine Käfer wieder ein echter Grinsekäfer. Auch im Schlaf.

Sie brauchen:

Eine Scheibe Graubrot,
Frischkäse oder Butter,
Wurst und Käse in Scheiben,
eine Salatgurke,
eine rote Paprika,
eine Karotte.

So geht's:

Eine Scheibe Brot mit Frischkäse oder Butter bestreichen, mit Wurst belegen und den Belag entlang des Brotrandes abschneiden. Eine Käsescheibe als Kopfteil auflegen und den Rand, wie bei der Wurst, abschneiden. Aus der Käsescheibe kleine Punkte ausstechen und auf die Wurstseite legen. Aus der Paprika Beine schneiden, aus der Gurke Augen und Mund, aus der Karotte Fühler. Alles drapieren. *Fertig*.

#voellig**losgeloest**

Jonas hat Weltraumbücher, eine Sternenbettwäsche, eine Autogramm-karte von Alexander Gerst, Poster an der Wand – und ein Laserschwert vom letzten Fasching hat er auch. Wenn seine Schulfreunde vorbeikom-men, spielen sie Astronaut und erforschen den Weltraum. Mit Becher-lupe und Hammer, versteht sich. Und mit einem langen Springseil. Mit dem binden sie sich aneinander, damit keiner vom Raumschiff in den Weltraum abtreibt.

Aber wie das so ist, wenn man mit zwei Kumpels in einer High-Tech-Sardinenbüchse im Orbit schwebt: Der Lagerkoller kommt. Diesmal ziemlich schnell. Denn während Jonas am liebsten weiter Gesteinspro-ben sammeln würde, will sein Kumpel Lukas jetzt keine kleinen Stein-chen mehr aus dem Sand sieben. Er will lieber in die Rakete steigen, müsste sich aber vorher noch einen Fahrradhelm von Jonas leihen, weil er seinen vergessen hat. Astronautenprobleme.

Jonas und Lukas diskutieren noch, als sich Dominik einfach vom Springseil abknotet. „He, was machst du da?", fragen die beiden. Dominik setzt sich auf die Schaukel und schaukelt. Jonas und Lukas grinsen sich an und fangen an zu schreien. „Hilfe, S-O-S! Unsere Halte-leine wurde durchtrennt!" Sie rudern wild mit den Armen – jetzt ist auch Dominik wieder mit von der Partie und versucht seine zwei völlig losgelösten Kumpels wieder einzufangen …

Sie brauchen:
Eine Scheibe
nicht zu festes Brot
(am besten ein länglicher Laib),
Frischkäse oder Butter,
Kochschinken und
Käse in Scheiben,
eine Salatgurke,
eine rote Paprika,
eine Karotte.

So geht's:

Bestreichen Sie eine Scheibe Brot mit Butter oder Frischkäse, schneiden Sie die Scheibe in der Mitte durch, belegen Sie diese mit Käse. Den Belag entlang der Rinde abschneiden. Die Spitze mit Schinken belegen. Die andere Hälfte der Scheibe auch mit Schinken belegen, daraus ein Trapez als Raketendüse ausschneiden. Rakete und Triebwerk auf dem Teller drapieren, mit zwei Karottenscheiben dekorieren. Aus Paprika Feuerstrahlen schneiden, aus Gurkenscheiben Sterne schneiden, alles drapieren. *Fertig.*

#rattensindnur grossemaeuse

Nach dem letzten Winter haben Mama und Papa beim Aufräumen der Garage ein Mäusenest entdeckt. Und natürlich die Hinterlassenschaften der kleinen Tierchen. Kleine Köttelchen – und viele angenagte Äpfel. Und aufgebissene Grassamenpackungen. Sogar in den Blumendünger hat die Mäusefamilie sich hineingefuttert. „Wir müssen die Mäuse fangen", sagt Papa. Und weil die Kinder gleich schlimme Dinge befürchten: „Natürlich mit einer Lebendfalle."

Fast zwei Wochen geht beinahe täglich eine Maus in die Falle. Manchmal werden sogar mehrere pro Tag erwischt. Aber von heute auf morgen ist Schluss. Papa ist glücklich. Und beginnt, auch wieder Dinge in die Garagenregale zu stellen, die er vor den Nagern in Sicherheit gebracht hatte. Schon ein paar Tage später fängt alles wieder von vorne an. Packungen werden aufgebissen, überall findet man die Hinterlassenschaften. Also: Bürsten unter die Tore schrauben, Gitter an die Luftlöcher.

Vergebens. Jonas findet es lustig, wenn Papa genervt durch die Garage krabbelt und nach den Nagern sucht. „Vielleicht sind es gar keine Mäuse", sagt Mathilda. „Sondern?" Papa schaut sie fragend an. „Es könnten auch Ratten sein", antwortet sie mit ihren vier Jahren. Denn die sähen aus wie Mäuse. Nur ein bisschen größer. Die haben sie beim Kindergarten-Wandertag am Dorfbach gesehen. „Die sind so niedlich. Und können toll schwimmen."

Bevor ich sagen kann, dass Ratten nicht unter dem Garagentor durchpassen, sagt Mathilda: „Die kommen nicht an den Speck, weil sie zu dick sind. Wir brauchen eine größere Falle!"

Sie brauchen:

Eine große Scheibe Brot,
Leberwurst oder Frischkäse,
eine Scheibe Rohschinken
und Käse,
eine Salatgurke,
eine rote Paprika.

So geht's:

Bestreichen Sie die Scheibe Brot mit Leberwurst oder einem anderen Aufstrich – alternativ für Liebhaber weißer Ratten und Mäuse geht auch Frischkäse. Aus einer Scheibe Käse ein Auge ausstechen und einen Rattenschwanz ausschneiden, aus einer Scheibe rohem Schinken ein Ohr legen. Aus der roten Paprika Beinchen schneiden, mit einem Sparschäler von einer Gurke die Schnurrhaare abschneiden. Alles drapieren. *Fertig*.

#wirsindroboter

Mit Sechsjährigen kann man toll philosophieren. Wenn Papa etwa sagt: „Wenn ich fünf Meter groß wäre, dann …", kann er mit Jonas super herumspinnen, was sie dann tun würden. Alle Äpfel und Kirschen von den Bäumen der Nachbarn pflücken zum Beispiel, über Häuserdächer gucken, Vögel mit der Hand fangen, der schnellste Marathonläufer der Welt werden und die größten Hosen der Welt anziehen. Und man braucht ein riesengroßes Bett. So was eben.

Neulich haben beide überlegt: „Wenn ich einen Roboter hätte, dann …" Jonas wollte sich erst einmal morgens vom Roboter aus dem Bett tragen und dann anziehen lassen. Aufstehen ist nämlich nicht so seins. Dann könnte der Roboter ihm das Marmeladenbrot zum Ab- beißen hinhalten, ihn zur Schule tragen, währenddessen soll er sein Zimmer aufräumen, ihn danach abholen und wieder heimbringen. Und wenn mal keiner Zeit hat, soll er mit ihm spielen.

„Und was sollten wir tun, wenn wir beide Roboter sind?", fragt Papa ihn. Jonas überlegte kurz. „Wir könnten die ganze Nacht aufbleiben, weil Roboter nie müde sind und gar nicht schlafen müssen." Wir könn- ten die härtesten Elfmeter beim Fußball schießen. Weil so stark wie so ein Roboter ist niemand sonst. Und wir sollten Bücher lesen. All die vielen Tausend Fußball- und Detektivgeschichten auf der Welt. Weil so schnell wie Roboter kann natürlich keiner lesen.

Dann möchte sich Jonas einen Keks holen. „Roboter essen keine Kekse", sagt Papa. „Die essen nichts. Die brauchen nur Strom." Jonas beißt in seinen Keks: „Dann bist nur du ein Roboter. Und musst mir einfach den ganzen Tag vorlesen. Du wirst ja sowieso nie müde, oder?"

Sie brauchen:

Toastbrot oder Tramezzini,
Frischkäse,
Kochschinken und
Käse in Scheiben,
eine rote Paprika,
eine Karotte,
eine Salatgurke und
ein Salatherz.

So geht's:

Das Brot oder die Tramezzini mit Frischkäse bestreichen, mit Kochschinken belegen, daraus Körper und Kopf ausschneiden. Aus der Käsescheibe die Knöpfe für den Körper und die Augen schneiden und drapieren. Aus der Paprika Mund und Arme schneiden, aus der Karotte Beine und Hals. Mit einem Ziseliermesser von der Gurkenschale einige Fasern als Haare und Gras abschaben, anrichten. Zwei Blätter aus dem Salatherz als Büsche auf den Teller legen. *Fertig.*

#schneckenhaeuschen

Mathilda findet Nacktschnecken ziemlich eklig. Die mit Häuschen mag sie dagegen sehr. Sobald sie eine im Garten entdeckt, wird sie stundenlang herumgetragen und wirklich allen gezeigt – ob sie sie sehen wollen oder nicht. „Das machen wir im Kindergarten doch auch so", sagt sie dann immer. Dort wurden offenbar Weinbergschnecken regelrecht gezüchtet, in einer Art Hochbeet, und dann für Wettrennen oder zum Wettblätterfressen eingesetzt.

Neulich war Mathilda bei ihrer besten Freundin zur Geburtstagsfeier eingeladen, mit allem, was dazugehört – so wie das bei Vierjährigen eben abläuft: Kuchenessen, Geburtstagsspiele, Schatzsuche, Abendessen, fertig. Als es abends an der Tür klingelt, steht eine glückliche, aufgeregte Tochter davor. Wer hat was geschenkt? Wer hat mit wem gespielt? Was gab es zu essen? Wohin führte die Schatzsuche? Und vor allem: Was wurde alles gefunden?

Da fangen Mathildas Augen an zu funkeln. „Ich hab' etwas ganz, ganz Tolles entdeckt." Ob es Süßigkeiten seien, will Papa wissen. Aber Mathilda schüttelt nur den Kopf. Mama fragt nach Spielzeug. Immer noch Kopfschütteln. „Ihr habt nichts zum Naschen und Spielen in der Schatzkiste gefunden?", fragt Papa. „Doch", sagt Mathilda: „Die Süßigkeiten habe ich alle gegessen. Und der Glitzer-Armreif ist hier." Doch in der Hand hält sie noch eine Tüte.

Mama und Papa trauen ihren Augen nicht, als Mathilda die Tüte öffnet und den Inhalt auf den Tisch kippt. Zwischen den ganzen leeren bunten Bonbon-Papierchen liegen viele Dutzend Schneckenhäuschen, die meisten noch mit Schnecken drin: „Sind die nicht süß? Die behalt' ich!"

Sie brauchen:

Ein bis zwei Scheiben Brot,
Butter oder Frischkäse,
Wurst und Käse in Scheiben,
ein Hackbällchen,
eine Tomate,
Salatblätter,
eine Karotte,
Salatcreme.

So geht's:

Bestreichen Sie eine große oder zwei kleine
Scheiben Brot mit Butter oder Frischkäse. Schneiden
Sie von einer Scheibe eine lange dünne Scheibe
als Körper ab und belegen sie mit Käse. Belegen
Sie den Rest oder eine neue Brotscheibe mit einer
Scheibe Wurst und schneiden diese rund aus. Legen
Sie ein gewaschenes Salatblatt auf den Teller,
drapieren Sie die beiden Brotstücke darauf. Eine
halbierte Tomate als Kopf verwenden, ein halbes
Hackbällchen als Mitte des Schneckenhauses.
Aus Karotten Fühler schnippeln, mit Salatcreme
ein Gesicht auf die Tomate und die Wirbel des
Schneckenhauses malen. *Fertig.*

#rosaelefantenflamingo

Alfred ist unglücklich. Alleine steht er in der Savanne und schnorchelt mit seinem Rüssel in der Wasserpfütze herum. Keiner der anderen Elefanten möchte mit ihm spielen, keiner ihn mit Schlamm bespritzen, keiner mit ihm Rüssel-an-Schwanz-gehen. Wenn Alfred sich neben die anderen stellt, drehen diese ihm ihre dicken Hintern zu. „Du bist rosa", raunen sie dann. „Du gehörst nicht dazu! Elefanten sind grau. Hellgrau, dunkelgrau, mittelgrau. Nicht rosa."

Traurig wandert Alfred einsam über den staubigen Boden. Da setzt sich ein kleiner Vogel auf seinen Rücken. „He!", sagt Alfred, „kannst du nicht fragen, bevor du auf mir landest?" Der Vogel piepst mit seiner dünnen Stimme: „Du sahst so traurig und alleine aus, da wollte ich dir Gesellschaft leisten!" Alfred lächelt – aber nur kurz. Dann sagt er: „Aber du kannst mich auch nicht mit Schlamm bespritzen und auch nicht Rüssel-an-Schwanz mit mir gehen."

„Nein", sagt das kleine Vögelchen, „aber du kannst auch nicht mit mir herumfliegen." Der Piepmatz erzählt Alfred, worauf es bei Freunden ankommt: „Freunde haben sich gerne, so wie sie sind." Und er erzählt ihm von den fernen Ländern, in denen er jedes Jahr ein paar Monate lebt, ehe er über das große Meer nach Afrika fliege, um dort zu überwintern. „Dort gibt es keine Elefanten, dafür aber viel mehr Menschen. Die sind genauso rosa wie du!"

Eines Tages geht Alfred mit seinem kleinen Freund an seiner Herde vorbei. Dort herrscht große Aufregung. Die Elefanten planen eine Ballettaufführung, aber irgendjemand hat das rosa Flamingo-Kostüm dreckig gemacht. „Das kriegen wir nie mehr sauber", seufzt ein älterer Elefant – und sieht Alfred: „He, du bist ja sowieso rosa! Spiel du doch den Flamingo!" Alfred wird noch rosafarbener als sonst. Und er wird der beste rosa Elefantenballett-Flamingo aller Zeiten.

Sie brauchen:

Eine Scheibe Graubrot,
Butter oder Frischkäse,
mehrere Scheiben Wurst,
am besten Kochschinken,
eine Karotte,
eine Salatgurke.

So geht's:

Bestreichen Sie das Brot mit Frischkäse oder
Butter, belegen Sie es mit Wurst, schneiden
Sie überflüssigen Belag entlang der Brotrinde
ab. Schälen Sie ein Stück Salatgurke mit einem
Ziseliermesser. Stechen Sie eine runde Scheibe
Wurst aus und legen Sie diese auf eine Scheibe
geschälte Salatgurke. Schälen Sie eine Karotte,
halbieren Sie diese. Drapieren Sie daraus Beine und
Körper. Eine kleine Scheibe Wurst vom Rand bis
zur Mitte einschneiden, daraus ein Ohr rollen. Aus
einer größeren Scheibe Wurst einen Rüssel rollen.
Aus Gurkenschalen Gras sowie Auge und Mund
drapieren. *Fertig.*

#doofedinos

Jonas mag Dinos. Ach was, er liebt Dinos. Mehr als Vanille-Eis mit hei-ßen Himbeeren und Schokosoße. Also fast. Jedenfalls ist alles, was mit Dinos zu tun hat, toll. Spielfiguren, Bücher, Bilder – und natürlich: Kno-chen. So sehr, dass er die Überreste des Brathähnchens aufheben und als Dinoknochen zum Spielen haben will. Aber Mama und Papa finden das keine gute Idee. Also muss Jonas sich als Nachwuchs-Dinoforscher etwas anderes einfallen lassen.

Er buddelt jede freie Minute im Sandkasten nach Dinoknochen. Er pinselt die Schottersteine im Garten ab, in der Hoffnung, irgendwelche Fossilien zu finden. Er bastelt Steck-Dinosaurier aus Pappe, sammelt sich eine Paläontologen-Ausrüstung mit Bürstchen, Meißeln und Lupen zusammen – und nimmt sie überallhin mit. Man weiß ja schließlich nie, ob man in Omas Garten oder auf dem Wasserspielplatz nicht zufällig Dino-Überreste findet.

Vor allem lässt ihn die Frage nicht los, warum die Dinosaurier eigent-lich ausgestorben sind. „Die waren viel zu doof", sagt sein Freund Max eines Tages knochentrocken. „Schau dir mal diese riesigen Körper an – und die kleinen Köpfe. Die waren einfach doof." Jonas verteidigt die Dinos, aber Max' Meinung steht fest. Dann findet Jonas plötzlich Max doof. Jedenfalls für ein paar Tage. Bis Max ein neues Dinobuch mit in den Kindergarten bringt.

Das ist jetzt ein Jahr her. Die Dino-Poster hängen immer noch in sei-nem Zimmer, auf den Regalen stehen immer noch die Skelette – nur inzwischen geht Jonas in die Schule und auch Paläontologe will er nicht mehr werden. Dafür Detektiv. Praktisch, irgendwie. Die brauchen näm-lich fast die gleiche Ausrüstung wie Dinoforscher. Pinsel, Meißel und Lupe. Nur mit dem Fingerabdruck-Stempelkissen könnte ein Paläonto-loge wohl eher wenig anfangen …

Sie brauchen:

Eine Scheibe Bauernbrot,
Frischkäse oder Butter,
Wurst in Scheiben,
ein Wiener Würstchen,
eine Salatgurke,
eine Karotte,
eine Dattel-Cocktailtomate.

So geht's:

Bestreichen Sie die Scheibe Brot mit Frischkäse oder Butter und belegen Sie diese mit Wurst. Anschließend den überflüssigen Belag an der Brotrinde abschneiden. Das Wiener Würstchen halbieren, davon Schwanz und Hals abschneiden. Eine Karotte schälen, ein kurzes Stück für die Beine halbieren, aus dem Rest längs Keile herausschneiden, daraus Scheiben als Blumen schneiden. Eine Dattel-Cocktailtomate halbieren, eine Scheibe der ungeschälten Gurke für den Kopf abschneiden, kleine Rückenzacken und Blumenstängel aus der Gurkenschale schneiden. Jetzt alles drapieren. *Fertig*.

#knusperloewe

Timo ist der beste Löwe der Welt. Sobald er in einem Buch einen Löwen sieht, brüllt er laut los. Sobald er das Wort Löwe auch nur hört: „Roooooarrrrrrr!" Nicht in Normallautstärke, sondern so laut er kann. So, dass einem die Ohren scheppern. Gerne auch samstagmorgens, wenn er mit seinem Stofftierlöwen ins Elternschlafzimmer tapst, kurz „Papa, Mama, schau mal, Löwe" sagt – und ihnen dann direkt ins Ohr brüllt. Liebevolles Aufwecken und so.

Der Löwenliebe wegen fahren Mama und Papa mit den Kindern in den Zoo. Die 2.547 Internet-Tierfilme mit Löwen in der Savanne, auf der Jagd und mit ihren Löwenbabys sind bereits alle angeschaut. Zumindest gefühlt. Und Timo ist damit auch nicht mehr zufrieden. Im Zoo angekommen, sind Jonas und Mathilda begeistert von den Pinguinen, den Totenkopfäffchen und den Robben. Nur Timo ruft die ganze Zeit: „Nein! Löwe! Löwe!" Also nichts wie ab zum Raubtierhaus.

Kurzum: Timo mag Löwen jetzt nicht mehr so besonders. Seinen Gesichtsausdruck beim Betreten des Löwenhauses wird keiner mehr so schnell vergessen. „Puh, das stinkt!", sagt Jonas. Und Mathilda will am liebsten gleich wieder nach draußen. Timo schaut gequält, doch weil er die Löwen bereits entdeckt hat, möchte er bleiben. Bis das Löwenmännchen laut losgebrüllt hat. Seither begnügt sich Timo mit Stofflöwen – und besagten Internet-Filmen.

Sie brauchen:

Eine möglichst runde Scheibe
Brot (für den Kopf) und eine
kleine Scheibe für die Ohren,
Butter oder Frischkäse,
Käse in Scheiben,
eine rote Paprika,
eine Cocktailtomate,
eine Salatgurke,
Tortilla-Chips,
Ketchup.

So geht's:

Ein rundes Brot mit Butter oder Frischkäse
bestreichen, mit Käse belegen, den überflüssigen
Belag rundherum abschneiden – oder aus einer
großen Scheibe Brot ausstechen. Dasselbe für die
zwei Ohren machen. Brotscheiben und Tortilla-Chips
drapieren, aus einer halbierten Cocktailtomate
Augen legen, aus einem Stück Paprika den Mund,
aus einem Gurken-Dreieck (am besten mit Schale)
die Nase. Anschließend mit Ketchup in einer Spritze
Schnurr- und Ohrhaare malen. *Fertig.*

#schmetterlingdu
kleinesding

Mathilda liebt Verkleiden. Während man Jonas selbst zu Fasching kaum zum Kostümieren überreden kann, würde sich Mathilda am liebsten jeden Tag als Prinzessin, Fee oder als Hexe verkleiden. Gerne auch als Prinzessin mit Flügeln und Hexen-Zauberstab. Jeden Tag. Und wenn die Klamotten aus der Verkleidungskiste dann mal in die Wäsche müssen, weil Bonbonreste oder anderes Undefinierbares darin kleben, ist das Drama vorprogrammiert.

Heute will Mathilda aber weder Prinzessin, noch Hexe oder Fee sein. Auch kein Pirat, kein Löwe und schon gar kein Clown. Ein Schmetterling muss es sein. „Es ist doch Frühling, da muss man ein Schmetterling sein", sagt sie. Klar, was sonst. Das Problem ist nur: Mama und Papa haben keine Fühler auf Lager. Und auch die Feenflügel sind aus Mathildas Sicht unpassend für die Schmetterlingsverkleidung. „Die zieh' ich nicht an", protestiert sie.

Aber: Unglückliche vierjährige Mädchen kann man nicht lange aushalten. Keiner kann so herzzerreißend beleidigt und enttäuscht gucken. „Komm, wir basteln Flügel", sagt Mama. Und Papa fummelt aus Draht, Watte und einem alten Haarreif so etwas wie Antennen zusammen. Mathilda sieht ulkig aus, finden Mama und Papa. Sie aber flattert glücklich mit ihren hängenden Papierflügeln und den Draht-Wattebausch-Fühlern um den Esstisch herum …

Sie brauchen:

Zwei Scheiben Graubrot,
Frischkäse oder Butter,
Wurst und Käse in Scheiben,
eine Tomate,
eine Karotte,
eine Salatgurke und
eine Mini-Salami.

So geht's:

Beide Brote mit Frischkäse oder Butter bestreichen und nach Wunsch belegen, überlappenden Belag entlang der Rinde abschneiden. Eine Karotte schälen, halbieren und anschließend mit den Broten drapieren. Aus einer Scheibe Wurst mit rundem Förmchen zwei Kreise ausstechen, von einer Tomate zwei Randscheiben abschneiden, beides auf die Flügel legen. Eine Scheibe geschälte Gurke als Kopf, eine halbierte Mini-Salami als Fühler drapieren. *Fertig.*

#pizzamargarine

Jonas, Mathilda und Timo zu fragen, was sie am nächsten Tag zu Mittag essen wollen, können Mama und Papa sich eigentlich schenken. Sie bräuchten nur einen Zettel mit drei Bildern zum Ankreuzen darauf: Pizza, Nudeln, Pfannkuchen. Das geht immer. Na ja, fast. Außer, Papa macht die Pfannkuchen. Oder es gibt Nudeln mit Gemüsesoße. Oder Pizza mit dem falschen Belag. Jonas mag nämlich nur die mit viel Käse und Tomatensoße, also „Pizza Margarine", wie er sie nennt.

Neulich hat Papa es gewagt, Vollkornnudeln zu kochen. Nicht, dass er die besonders gerne hätte, aber er wollte mal für Abwechslung sorgen. Das kam ungefähr genauso gut an wie der Plan vor ein paar Wochen, bunten Wildreis zu kochen. Jonas und Mathilda stochern absolut lustlos im Essen herum und mäkeln. Drei Gabeln und dreißig Minuten später dürfen sie dann doch aufstehen. Papa bekommt deshalb einen unverhofft großen Nachschlag und ist noch Tage später satt.

Als Ausgleich für das nicht gelungene Mittagessen wollen Mama und Papa den Kindern am nächsten Wochenende eine Freude machen – und den Italiener im Nachbarort besuchen. Pizza für die Kinder, Mama bestellt sich eine Fischplatte und Papa ein schönes Kalbsschnitzel mit Salbeibutter. Als das Essen kommt, ist die elterliche Freude bald verflogen. Jonas schnappt sich das Schnitzel, Mathilda einen Großteil des Fischs. Bleiben für die Großen: zwei Pizza Margarine …

Sie brauchen:

Rundes schwedisches
Knäckebrot, am besten schon in
Achtel-Scheiben geschnitten,
Tomaten- oder
Paprika-Frischkäse oder
andere Brotaufstriche,
Tomaten,
Salami, Schinken, Käse,
Kresse oder Basilikum
oder jeden anderen Pizza-Belag,
den man nicht backen muss.

So geht's:

Bestreichen Sie ein Achtel Knäckebrot mit
Brotaufstrich wie Tomaten- oder Paprika-Frischkäse.
Belegen Sie die „Pizza" beispielsweise mit kleinen
Salamischeiben und Tomatenscheibchen. Bestreuen
Sie das belegte Pizza-Knäckebrot mit geriebenem
Käse nach Wahl, dekorieren Sie alles mit frischer
Kresse oder mit Basilikum-Blättern. *Fertig.*

#urlaubunterpalmen

Fritz will endlich mal weg. Raus aus dem Wald. Nicht immer nur Bucheckern und Eicheln einsammeln, alles horten, manchmal ein bisschen daran herumknabbern. Nicht immer nur dieselben Nachbarn treffen. Die stets schlecht gelaunte Eule, die lauten Mäusekinder unten am Baum, den superschlauen Besserwisser-Hasen und die anhängliche Igel-Dame. „Auch ein Eichhörnchen braucht mal Urlaub", sagt sich Fritz und geht ins Reisebüro Blindschleiche.

Billy Blindschleiche sitzt hinter seinem Schreibtisch und blättert mit seiner Zunge in den Reisekatalogen, als Fritz ins Büro kommt. „Ich muss hier weg", sagt das Eichhörnchen. Billy holt die Kataloge für den Bayerischen Wald, den Harz und die Eifel hervor. „Da isssst essss schön waldig", sagt er. „Ich muss weit weg", seufzt Fritz leise, „raus aus dem Wald". Billy schaut Fritz an: „Wie wäre essss mit einer Städtereisssse?" – „Soll ich mich etwa überfahren lassen?"

Da entdeckt Fritz plötzlich ein Bild an der Wand. „Da will ich hin", sagt er, „ans Meer." Die Nordsee ist ihm zu kalt, soll doch die motzige Eule ans Watt fliegen, denkt er sich. Es soll ein weißer Sandstrand mit türkisblauem Wasser und Palmen sein. Also legt Fritz all seine ersparten Bucheckern, Eicheln und sogar die Kastanien auf den Tisch von Reisebüro-Blindschleiche Billy und leistet sich eine zweiwöchige Reise in die Karibik.

Und wenn du demnächst an einem weißen Sandstrand mit türkisblauem Meer und Palmen ein Eichhörnchen siehst, das eine riesige Kokosnuss in der Hand hält und genüsslich daraus trinkt, dann sag dem Fritz doch bitte, dass sein Rückflug schon vor drei Wochen war …

Sie brauchen:
Eine größere Karotte,
ein bis zwei große Essiggurken
(oder Essiggurken-Sticks),
ein bis zwei Scheiben Brot
nach Wahl,
Frischkäse oder Butter,
Brotbelag nach Wahl.

So geht's:
Schälen Sie die Karotte und halbieren diese der Länge nach. Vierteln Sie eine große Essiggurke und schneiden zwei der Viertel längs in Scheiben ein – allerdings nicht auf der ganzen Länge; lassen Sie an einem Ende einen kleinen Rand. Drapieren Sie die Karotte als Stamm, die Essiggurken-Viertel als Palmblätter. Brote belegen und daraus nach Belieben mit Plätzchenformen Tiere oder Pilze ausstechen. Wer Brote mit Käse und Wurst belegt, kann Pilze mit verschiedenfarbigem Hut und Stiel ausstechen. Alles anrichten. *Fertig.*

#fliegvoegelchenflieg

Jonas und Mathilda bestehen darauf. Also rafft Papa sich auf, trotz miesen Wetters. „Gut", sagt er, „wir hängen ein Vogelhaus auf". Direkt neben das Spielhäuschen. Auch wenn das natürlich kein besonders geeigneter Platz ist. Aber die Kinder wollen schließlich vom Spielhausfenster aus die Vögelchen beobachten können. Und weil man in einem neu angelegten Garten noch keine vogelhaustauglichen Bäume hat, muss erst einmal ein dicker Pfosten her.

Zwei Stunden, einen blauen Finger, zwei zersplitterte Pfosten und zahllose Hammerschläge später hängt das Vogelhäuschen – und das Warten beginnt. „Wann ziehen endlich Vögel ein?" Mathilda ist schon nach ein paar Tagen schrecklich ungeduldig. Und Jonas hat schon fast wieder das Interesse verloren. Die Vögel begutachten das Häuschen aus der Ferne zwar ausgiebig, einziehen möchte aber offenbar niemand. Bis es sich tatsächlich zwei Kohlmeisen gemütlich machen.

Papa hat ja nicht daran geglaubt, dass direkt neben Spielhaus, Sandkasten und Schaukel ein Vogelpärchen zu brüten beginnen würde. Aber wenige Wochen später fiept es schon leise aus dem Häuschen. Jonas und Mathilda wuseln fast so aufgeregt um das Häuschen herum wie die Meiseneltern. Irgendwann fangen auch die kleinen Meisen an zu flattern. Die Kinder sind hin und weg. Und die Eltern irgendwie auch. Und planen jetzt Vogelhaus Nummer zwei ...

Sie brauchen:

Eine Scheibe Graubrot,
Butter oder Frischkäse,
Wurst und Käse in Scheiben,
eine Karotte,
eine Salatgurke,
Cocktailsauce,
Erdnussflips.

So geht's:

Bestreichen Sie eine Scheibe Brot mit Butter
oder Frischkäse, legen eine große Scheibe Wurst
darauf und schneiden diese entlang der Rinde ab.
Schneiden Sie aus dem Brot mit einem spitzen
Messer einen Vogelkörper wie auf dem Bild. Aus
einer Scheibe Käse einen Flügel, aus einer Karotte
Stifte für die Füßchen sowie ein Dreieck für den
Schnabel schneiden. Aus einer Gurkenscheibe ein
Auge ausstechen, alles drapieren. Dem Vogel noch
mit Sauce in einer Spritze eine Pupille und den
Erdnussflips-Würmern Augen malen. *Fertig.*

#wasdievorratskammer hergibt

Wenn mal nicht alle Zutaten für ein Brot vorhanden sind – nicht verzagen. Hier finden Sie Ideen für Alternativen, die Sie verwenden können. Es kommt bei den Brot-Ideen vor allem auf Farbe und Form an, Sie können wirklich alles durch alles ersetzen. Manche Kinder mögen schließlich lieber Obst statt Gemüse oder umgekehrt, lieber Käse als Wurst oder lieber Salziges statt Ungesalzenes.

#langundduenn

#gurkenschalen

#gruenebandnudeln

#duennundknackig

#salzstangen

#grissini

#minisalamis

#karottenstaebchen

#rundundknusprig

#knaeckebrot

#maiswaffel

#reiswaffel

#pumpernickel

#rundundgesund

#kiwischeiben

#gurkenscheiben

#eierscheiben

#tomatenscheiben

#krausundwirr

#karottenfaeden

#rotespaghetti

#gurkenfaeden

#reibekaese

#spitzundeckig

#tortillachips

#spitzpaprika

#melonenschnitze

#tortenbrie